孙锐珩小楷系列一

孙锐珩小楷 中学生必背古诗五十首

中国书法之乡·固始书画名家荟萃

雷云霆书法艺术馆编

河南大学出版社
HENAN UNIVERSITY PRESS

序 一
十年树木　百年树人

段宝林

　　中国书法历经三千年,悠悠千古,生生不息,色彩斑斓,浩渺无垠。有着厚重文化底蕴的河南省固始县,社会发展,盛世兴文。经过几代书法人的励志奋为和群众性书法文化的普及,因被中国书法家协会命名为"中国书法之乡"而闻名遐迩。在这座文化古城里,诗书传家、翰墨怡情已成为社会时尚,青少年书法习练蔚然成风。尤其是教育部为加强人文素质教育,高瞻远瞩,战略决策,把开设多年的"写字课"改为"书法课"之后,义务教育学校里的书法教学越来越备受社会广泛关注。

　　在固始县这个阵容庞大的书法群体里,有一位特殊经历的书法达人,出于对书法和教学的双重情感和责任,悄然心动,默默筹划着一桩"醒世之作",他的名字叫孙锐珩。孙锐珩先生是一位从事教育工作四十年的老教师,又是一位在书法领域研练多年且功成名就的书法家。就是这两个"双重",促使他早早就提议为青少年学生编写一套书法教学范本。如此的上善之心、上善之举在他身上发生,自然在情理之中了。几年的热忱,几年的心血,几年的付出,几年的耐性,终于把教育部推荐的《中学生必读古诗五十首》《毛泽东诗词集锦》等经典内容,用他的妙手绝活小楷书写完成。

　　我是第一位有幸先睹范本清样的人。翻页阅扉,欣然展赏,"羡鱼"之情油然而生。果然很美,堪为集艺术性、文化性、实用性为一体的教学工具书精品,把中国传统的诗词文化和书法文化的精髓融为一体,为青少年读者提供了一本浸润着传统文化又赏心悦目的汉文字帖卷。笔者为之叫好!在此冒昧地代为学书法的孩子们向孙锐珩先生表示由衷的敬意！

孙锐珩先生是中国书法家协会会员，以小楷独步书坛。记得当年在西安举办的全国第八届书法篆刻大展上，当书法大家张海先生走到一幅楷书条幅前驻足观赏时，竟自语道："莫不是固始云霆嚯！"偶往下看，落款作者却是孙锐珩。事出有因：固始书法名家雷云霆先生早在20世纪60年代就风靡中原书坛，而锐珩早在青年时代就对"雷氏楷"酷爱有加，进而拜师求艺，后研练多年，深得雷老赏识，自身也在固始书坛拥有了一席之地。这个津津乐道的书艺传承故事因美妙感人而被传为佳话。

锐珩楷书取法于欧、虞，又融汇诸家，结构严谨，功力深厚，笔意灵动，工稳中和。在书艺创作中，他一直把"挺健、秀逸、温纯、精绝"作为自己追索的目标，在历经众多书法大展中，他以个性风格突出，且师古不泥而自成家法。正是这种对书法实践的自信和权衡，他才力挺用结构严谨的工稳书风作为青少年启蒙书法的范本。

试想，对初步涉猎书法，欲与汉文字终身结伴的青少年而言，一开始就接触到结构、用笔、气韵、章法、风格等诸多专业术语，取法乎上，起点如此之高，必然会在今后的书学道路上走得更远，其借鉴、引导的作用和功效不言而喻。这正是此书能为教育部门和书道同行所认同的根本原因。

十年树木，百年树人。青少年是中华文明的重要传承者，书法文化已成为我们今天倡导的重要载体之一。启迪智慧，提升修养，陶冶情操，感悟人生，对青少年的健康成长至关重要。

新书即将付梓，对青少年读者无疑是件好事、喜事。直面本书，作者与读者拉近了距离。正因为她是传统的，故让我们倍感亲切；又因为她终将在书乡普及于广大民众之中，故让我们看到了生机；更因为她是未来的，故让我们看到希望而放飞梦想。就让我们从这本书里，重履书艺之路，开启发现自我、认识自我、考验自我的心灵之旅吧！是为序。

写于甲午孟夏

（段宝林　中国书法家协会会员、河南省美术家协会会员、河南省书画院特聘书法家、固始书画院院长、固始美术家协会主席）

序 二
杏坛翰墨　承前启后

熊西平

孙锐珩先生于2005年加入中国书法家协会,善书小楷。年逾古稀的孙老师是一位退休教师,他在教育战线奋斗了四十余春秋,桃李遍神州。

我一直喜欢喊他"孙老师",他严谨,认真,执着,坚守着心灵的原则。

孙老师早年习字,师从固始著名书法家雷云霆先生。雷先生的书法享誉海内外,为国内书坛耄宿。孙先生拜雷先生为师,除了艺术上的景仰,可能更多的与雷先生这个人有关。老话说,字如其人,文显其魂,孙老师多少年钟爱雷先生的书法,继承并发展,是与为人、为道分不开的,孙老师为人、为师、为艺,孜孜以求的精神都写在他那张谦和质朴的脸上。其书法颇有雷先生遗风,铅华洗尽而朴实清新,名满艺苑而谦恭仁和,孙老师在数十年的书法求索中,"以勤补拙,以书怡情,以性寓书,大器晚成"。著名书法评论家西中文先生曾评价:"他是一位承前启后的书家,功力深湛,技法纯熟。其书风受赵孟頫、文徵明影响较多,典雅富赡,珠圆玉润,有中国书法的深厚底蕴。"

一次去拜访孙老师,谈到创作与书法的未来,我向他介绍教育部推荐的《中学生必读古诗五十首》,他顿时产生了作为书家和老师的责任感,开始有计划地创作这套书法集。孙老师认为,把这两种传统艺术形神结合于一体,能为青少年提供既浸润传统文化又赏心悦目的纸媒载体。于是,他费时两年,数易其稿,在教育部将开设多年的"写字课"改为"书法课"后,这本作品集与青少年读者见面了。这本集子书写工稳、灵性、质朴、清新,内容是中国诗歌的精华,形式为高雅质朴的书法艺术,一本在手,既可学诵,又可临写,还可以品读到孙老师慧中而璞外的人生。

孙老师的书法作品在固始乃至更广阔的范围皆有流传,一次,在一个小酒馆里和孙老师把盏小酌,蓦然回首,瞥见酒家一面墙上张挂着一副孙老师的作品,我和先生二人相视一笑。

2014 年 4 月 30 日

(熊西平　中国作家协会会员、中国教育学会会员、河南省散文学会理事)

目 录

○○一　序 一　十年树木　百年树人　　　　段宝林
○○三　序 二　杏坛翰墨　承前启后　　　　熊西平

○○一　关　雎　　　　　　　　　　　　　佚　名
○○二　蒹　葭　　　　　　　　　　　　　佚　名
○○四　长歌行　　　　　　　　　　　　　佚　名
○○六　北方有佳人　　　　　　　　　　　李延年
○○六　观沧海　　　　　　　　　　　　　曹　操
○○八　龟虽寿　　　　　　　　　　　　　曹　操
○○九　蒿里行　　　　　　　　　　　　　曹　操
○一一　短歌行　　　　　　　　　　　　　曹　操
○一四　七步诗　　　　　　　　　　　　　曹　植
○一四　迢迢牵牛星　　　　　　　　　　　佚　名
○一六　涉江采芙蓉　　　　　　　　　　　佚　名
○一七　饮　酒　　　　　　　　　　　　　陶渊明
○二○　归园田居　　　　　　　　　　　　陶渊明
○二一　读山海经　　　　　　　　　　　　陶渊明
○二二　寄王琳　　　　　　　　　　　　　庾　信
○二三　玉阶怨　　　　　　　　　　　　　谢　朓
○二四　人日思归　　　　　　　　　　　　薛道衡
○二四　敕勒歌　　　　　　　　　　　　　佚　名
○二五　木兰诗　　　　　　　　　　　　　佚　名
○三一　送杜少府之任蜀州　　　　　　　　王　勃
○三二　山　中　　　　　　　　　　　　　王　勃
○三三　登幽州台歌　　　　　　　　　　　陈子昂
○三四　春江花月夜　　　　　　　　　　　张若虚
○三九　望月怀远　　　　　　　　　　　　张九龄
○四○　春　晓　　　　　　　　　　　　　孟浩然
○四○　过故人庄　　　　　　　　　　　　孟浩然
○四一　临洞庭湖赠张丞相　　　　　　　　孟浩然
○四二　宿建德江　　　　　　　　　　　　孟浩然
○四三　凉州词　　　　　　　　　　　　　王之涣
○四四　登鹳雀楼　　　　　　　　　　　　王之涣
○四五　凉州词　　　　　　　　　　　　　王　翰

〇四六	出　塞	王昌龄
〇四七	芙蓉楼送辛渐	王昌龄
〇四八	从军行	王昌龄
〇四九	采莲曲	王昌龄
〇五〇	次北固山下	王　湾
〇五一	题破山寺后禅院	常　建
〇五二	黄鹤楼	崔　颢
〇五三	登金陵凤凰台	李　白
〇五四	送友人	李　白
〇五五	月下独酌	李　白
〇五七	山中与幽人对酌	李　白
〇五八	宣州谢朓楼饯别校书叔云	李　白
〇六〇	寒　食	韩　翃
〇六〇	蝉	虞世南
〇六一	城东早春	杨巨源
〇六二	鹧鸪	郑　谷
〇六三	望　岳	杜　甫
〇六四	春　望	杜　甫
〇六五	登岳阳楼	杜　甫
〇六六	赠花卿	杜　甫
〇六七	蜀　相	杜　甫
〇六八	闻官军收河南河北	杜　甫
〇七〇	绝　句	杜　甫

詩經 關雎

關關雎鳩,在河之洲。窈窕淑女,君子好逑。參差荇菜,左右流之。窈窕淑女,寤寐求之。求之不得,寤寐思服。悠哉悠哉,輾

诗经关雎 关关雎鸠,在河之洲。窈窕淑女,君子好逑。参差荇菜,左右流之。窈窕淑女,寤寐求之。求之不得,寤寐思服。悠哉悠哉,辗

转反侧。参差荇菜,左右采之。窈窕淑女,琴瑟友之。参差荇菜,左右芼之。窈窕淑女,钟鼓乐之。

蒹葭苍苍,白露为霜。所

谓伊人，在水一方。溯洄从之，道阻且长。溯游从之，宛在水中央。

蒹葭萋萋，白露未晞。所谓伊人，在水之湄。溯洄从之，道阻且跻。溯游从

古诗 长歌行

之，宛在水中坻。

蒹葭采采，白露未已。所谓伊人，在水之涘。溯洄从之，道阻且右。溯游从之，宛在水中沚。

古诗 长歌行

之	從	謂	蒹	宛
宛	之	伊	葭	在
在	道	人	采	水
水	阻	在	采	中
中	且	水	白	坻
沚	右	之	露	
		涘	未	
		溯	已	
		游	所	

青青園中葵朝露待日晞
陽春佈德澤萬物生
光輝常恐秋節至焜黃
華葉衰百川東到海何
時復西歸少壯不努力
老大徒傷悲

青青园中葵,朝露待日晞。阳春布德泽,万物生光辉。常恐秋节至,焜黄华叶衰。百川东到海,何时复西归?少壮不努力,老大徒伤悲。

北方有佳人 李延年

北方有佳人，绝世而独立。一顾倾人城，再顾倾人国。宁不知倾城与倾国，佳人难再得。

观沧海 曹操

東	何	叢	瑟	若	出
臨	澹	生	洪	出	其
碣	澹	百	波	其	裏
石	山	草	湧	中	幸
以	島	豐	起	星	甚
觀	竦	茂	日	漢	至
滄	峙	秋	月	燦	哉
海	樹	風	之	爛	歌
水	木	蕭	行	若	以

东临碣石，以观沧海。水何澹澹，山岛竦峙。树木丛生，百草丰茂。秋风萧瑟，洪波涌起。日月之行，若出其中。星汉灿烂，若出其里。幸甚至哉，歌以

〇〇七

咏志。曹操 神龟虽寿，犹有竟时。腾蛇乘雾，终为土灰。老骥伏枥，志在千里。烈士暮年，壮心不已。盈缩之期，不但在天。養怡之福，可得永年。幸甚至哉，歌以詠志。

蒿里行 曹操 关东有义士，兴兵讨群凶。初期会盟津，乃心在

不但在天養怡之福可
得永年幸甚至哉歌以
詠志

蒿里行 曹操

關東有義士興兵討羣
兗初期會盟津乃心在

咸陽軍合力不齊躊躇
而雁行勢利使人爭嗣
還自相戕淮南弟稱號
刻璽於北方鎧甲生蟣
蝨萬姓以死亡白骨露
於野千里無雞鳴生民

咸阳。军合力不齐，躊躇而雁行。势利使人争，嗣还自相戕。淮南弟称号，刻玺于北方。铠甲生蚁虱，万姓以死亡。白骨露于野，千里无鸡鸣。生民

短歌行

曹操

对酒当歌，人生几何！譬如朝露，去日苦多。慨当以慷，忧思难忘。何以解忧？唯有杜康。青青子衿，

百遗一，念之断人肠。

短歌行 曹操 对酒当歌，人生几何！譬如朝露，去日苦多。慨当以慷，忧思难忘。何以解忧？唯有杜康。青青子衿，

悠悠我心。但为君故，沉吟至今。呦呦鹿鸣，食野之苹。我有嘉宾，鼓瑟吹笙。明明如月，何时可掇？忧从中来，不可断绝。越陌度阡，枉用相存。契阔

陌	憂	笙	之	吟	悠
度	從	明	蘋	至	悠
阡	中	明	我	今	我
枉	來	如	有	呦	心
用	不	月	嘉	呦	但
相	可	何	賓	鹿	為
存	斷	時	鼓	鳴	君
契	絕	可	瑟	食	故
闊	越	掇	吹	野	沉

談宴，心念舊恩。月明星稀，烏鵲南飛。繞樹三匝，何枝可依？山不厭高，水不厭深。周公吐哺，天下歸心。

七步诗 曹植 煮豆燃豆萁，豆在釜中泣。本是同根生，相煎何太急？

古诗十九首 迢迢牵牛星

七步诗 曹植

煮豆燃豆萁
豆在釜中
泣本是同根生相煎何
太急

古诗十九首

迢迢牵牛星

迢迢牵牛星,皎皎河汉女。纤纤擢素手,札札弄机杼。终日不成章,泣涕零如雨。河汉清且浅,相去复几许?盈盈一水间,脉脉不得语。

涉江採芙蓉

涉江採芙蓉，蘭澤多芳草。採之欲遺誰？所思在遠道。還顧望舊鄉，長路漫浩浩。同心而離居，憂傷以終老。

涉江采芙蓉 涉江采芙蓉，兰泽多芳草。采之欲遗谁？所思在远道。还顾望旧乡，长路漫浩浩。同心而离居，忧伤以终老。

飲酒　陶淵明

結廬在人境而無車馬
喧問君何能爾心遠地
自偏採菊東籬下悠然
見南山山氣日夕佳飛
鳥相與還此中有真意

饮酒　陶渊明　结庐在人境，而无车马喧。问君何能尔？心远地自偏。采菊东篱下，悠然见南山。山气日夕佳，飞鸟相与还。此中有真意，欲辩已忘言。清晨闻叩门，倒裳往自开。问子为谁欤？田父有好怀。壶浆远见候，疑我与时乖。褴缕茅檐下，未足为高栖。一世皆尚同，

清晨闻叩门
开问子为谁欤
好怀壶浆远见候
与时乖褴缕茅檐下疑未
足为高栖一世皆尚同

欲辩已忘言
倒裳往自有
田父

愿君汩其泥。深感父老言，禀气寡所谐。纡辔诚可学，违己讵非迷！且共欢此饮，吾驾不可回。故人赏我趣，挈壶相与至。班荆坐松下，数斟已

復醉父老雜亂言觴酌失行次不覺知有我安知物為貴悠悠迷所留酒中有深味

歸園田居 陶淵明

種豆南山下草盛豆苗

復醉。父老杂乱言，觞酌失行次。不觉知有我，安知物为贵。悠悠迷所留，酒中有深味。

归园田居 陶渊明 种豆南山下，草盛豆苗

稀晨兴理荒秽，带月荷锄归。道狭草木长，夕露沾我衣。衣沾不足惜，但使愿无违。

读山海经 陶渊明

精卫衔微木，将以填沧

海。刑天舞干戚，猛志故常在。同物既无虑，化去不复悔。徒设在昔心，良辰讵可待！

寄王琳 庾信

玉关道路远，金陵信使

疏獨下千行淚開君萬里書

玉階怨 謝朓

夕殿下珠簾流螢飛復息

長夜縫羅衣思君此

息長夜縫羅衣思君

何極

疏。独下千行泪,开君万里书。
玉阶怨 谢朓 夕殿下珠帘,流萤飞复息。长夜缝罗衣,思君此何极。

人日思歸 薛道衡

入春纔七日離家已二年

人歸落雁後思發在花前

敕勒歌 北朝民歌

敕勒川陰山下天似穹

木蘭詩 樂府民歌

廬籠蓋四野，天蒼蒼，野茫茫，風吹草低見牛羊。唧唧復唧唧，木蘭當戶織。不聞機杼聲，惟聞女嘆息。問女何所思，問女

庐，笼盖四野。天苍苍，野茫茫。风吹草低见牛羊。
木兰诗 乐府民歌 唧唧复唧唧，木兰当户织。不闻机杼声，惟闻女叹息。问女何所思，问女

何所忆。女亦无所思，女亦无所忆。昨夜见军帖，可汗大点兵。军书十二卷，卷卷有爷名。阿爷无大儿，木兰无长兄。愿为市鞍马，从此替爷征。东

市	大	卷	可	亦	何
鞍	兒	卷	汗	無	所
馬	木	卷	大	所	憶
從	蘭	有	點	憶	女
此	無	爺	兵	昨	亦
替	長	名	軍	夜	無
爺	兄	阿	書	見	所
征	願	爺	十	軍	思
東	為	無	二	帖	女

市买骏马,西市买鞍鞯,南市买辔头,北市买长鞭。旦辞爷娘去,暮宿黄河边。不闻爷娘唤女声,但闻黄河流水鸣溅溅。旦辞黄河去,暮至黑山頭不聞爺娘喚女聲，但聞燕山胡騎鳴啾啾。

萬里赴戎機，關山度若飛。朔氣傳金柝，寒光照鐵衣。將軍百戰死，壯士十年歸。歸來見天子，天子坐明堂。策勋十二转,赏赐百千强。可汗问所欲,木兰不用尚书郎,愿驰千里足,送儿还故乡。爷娘闻女来,出郭相扶将;阿姊闻妹来,当户理红妆；小弟闻姊来，磨刀霍霍向猪羊。开我东阁门，坐我西阁床，脱我战时袍，著我旧时裳。当窗理云鬓，对镜贴花黄。出门看火伴，火伴皆惊惶：

紅妝小弟聞姊來磨刀霍霍向豬羊開我東閣門坐我西閣牀脫我戰時袍著我舊時裳當窗理雲鬢對鏡貼花黃出門看火伴火伴皆驚惶

同行十二年,不知木兰是女郎。雄兔脚扑朔,雌兔眼迷离。双兔傍地走,安能辨我是雄雌?

送杜少府之任蜀州 王勃 城阙辅三秦,风烟望五

城阙辅三秦,风烟望五津。与君离别意,同是宦游人。海内存知己,天涯若比邻。无为在歧路,儿女共沾巾。

山中 王勃 长江悲已滞,万里念将归。

登幽州臺歌 陳子昂

歸況屬高風晚山山黃葉飛

前不見古人後不見來者念天地之悠悠獨愴然而涕下

归。况属高风晚，山山黄叶飞。
登幽州台歌 陈子昂 前不见古人，后不见来者。念天地之悠悠，独怆然而涕下。

春江花月夜 张若虚 春江潮水连海平，海上明月共潮生。滟滟随波千万里，何处春江无月明！江流宛转绕芳甸，月照花林皆似霰。空里流

春江花月夜 張若虛

春江潮水連海平
海上明月共潮生
灩灩隨波無
何處春江無
千里宛轉繞芳甸
明江流花林皆似霰
照花林皆似霰空裏流

霜不覺飛，汀上白沙看不見。江天一色無纖塵，皎皎空中孤月輪。江畔何人初見月？江月何年初照人？人生代代無窮已，江月年年只相似。不

霜不觉飞，汀上白沙看不见。江天一色无纤尘，皎皎空中孤月轮。江畔何人初见月？江月何年初照人？人生代代无穷已，江月年年只相似。不

知江月待何人，但见长江送流水。白云一片去悠悠，青枫浦上不胜愁。谁家今夜扁舟子？何处相思明月楼？可怜楼上月徘徊，应照离人妆镜

臺玉戶簾中捲不去搗衣砧上拂還來此時相望不相聞願逐月華流照君鴻雁長飛光不度魚龍潛躍水成文昨夜閑潭夢落花可憐春半

台。玉户帘中卷不去，捣衣砧上拂还来。此时相望不相闻，愿逐月华流照君。鸿雁长飞光不度，鱼龙潜跃水成文。昨夜闲潭梦落花，可怜春半不还家。江水流春去欲尽，江潭落月复西斜。斜月沉沉藏海雾，碣石潇湘无限路。不知乘月几人归，落月摇情满江树。

不	盡	月	湘	人
還	江	沉	無	歸
家	潭	沉	限	落
江	落	藏	路	月
水	月	海	不	摇
流	復	霧	知	情
春	西	碣	乘	滿
去	斜	石	月	江
欲	斜	瀟	幾	樹

望月怀远 张九龄 海上生明月，天涯共此时。情人怨遥夜，竟夕起相思。灭烛怜光满，披衣觉露滋。不堪盈手赠，还寝梦佳期。

望月怀远 張九齡

海上生明月
天涯共此時
情人怨遙夜
竟夕起相思
相思滅燭憐光滿
不堪盈手贈
覺露滋
披衣
寝夢佳期還

春晓 孟浩然 春眠不觉晓，处处闻啼鸟。夜来风雨声，花落知多少。

过故人庄 孟浩然 故人具鸡黍，邀我至田

家綠樹村邊合青山郭外斜開軒面場圃把酒話桑麻待到重陽日還來就菊花

臨洞庭湖贈張丞相 孟浩然

八月湖水平涵虛混太

家。绿树村边合，青山郭外斜。开轩面场圃，把酒话桑麻。待到重阳日，还来就菊花。
临洞庭湖赠张丞相 孟浩然 八月湖水平，涵虚混太

清氣蒸雲夢澤波撼岳陽城欲濟無舟楫端居恥聖明坐觀垂釣者徒有羨魚情

宿建德江 孟浩然

移舟泊煙渚日暮客愁

清。气蒸云梦泽，波撼岳阳城。欲济无舟楫，端居耻圣明。坐观垂钓者，徒有羡鱼情。

宿建德江 孟浩然 移舟泊烟渚，日暮客愁

新野曠天低樹江清月近人

涼州詞 王之渙

黃河遠上白雲間一片孤城萬仞山羌笛何須怨楊柳春風不度玉門

新。野旷天低树，江清月近人。

凉州词 王之涣 黄河远上白云间，一片孤城万仞山。羌笛何须怨杨柳，春风不度玉门

登鸛雀楼 王之涣 白日依山尽，黄河入海流。欲穷千里目，更上一层楼。

登鹳雀楼 王之涣

白日依山尽黄河入海流欲穷千里目更上一层楼

凉州词　王翰

葡萄美酒夜光杯，欲饮琵琶马上催。醉卧沙场君莫笑，古来征战几人回？

出塞 王昌龄 秦时明月汉时关，万里长征人未还。但使龙城飞将在，不教胡马度阴山。

芙蓉楼送辛渐 王昌龄 寒雨连江夜入吴，平明送客楚山孤。洛阳亲友如相问，一片冰心在玉壶。

从军行 王昌龄

青海长云暗雪山，孤城遥望玉门关。黄沙百战穿金甲，不破楼兰终不还。

採蓮曲 王昌齡

荷葉羅裙一色裁
芙蓉向臉兩邊開
亂入池中
看不見
聞歌始覺
有人來

采莲曲 王昌龄 荷叶罗裙一色裁，芙蓉向脸两边开。乱入池中看不见，闻歌始觉有人来。

次北固山下 王湾

客路青山外，行舟绿水前。
潮平两岸阔，风正一帆悬。
海日生残夜，江春入旧年。
乡书何处达？归雁洛阳边。

题破山寺后禅院 常建

清晨入古寺，初日照高林。曲径通幽处，禅房花木深。山光悦鸟性，潭影空人心。万籁此俱寂，但馀钟磬音。

黄鹤楼 崔颢

昔人已乘黄鹤去，此地空余黄鹤楼。黄鹤一去不复返，白云千载空悠悠。

登金陵鳳凰臺 李白

鳳凰臺上鳳凰游，鳳去臺空江自流。吳宮花草埋幽徑，晉代衣冠成古丘。三山半落青天外，二水中分白鷺洲。總為浮

登金陵凤凰台 李白 凤凰台上凤凰游，凤去台空江自流。吴宫花草埋幽径，晋代衣冠成古丘。三山半落青天外，二水中分白鹭洲。总为浮

送友人 李白

雲能蔽日長安不見使人愁 青山橫北郭白水繞東城此地一為別孤蓬萬里征浮雲游子意落日

云能蔽日，长安不见使人愁。
送友人 李白 青山横北郭，白水绕东城。此地一为别，孤蓬万里征。浮云游子意，落日

故人情挥手自兹去萧班马鸣

月下獨酌 李白

花間一壺酒獨酌無相

親舉杯邀明月對影成

三人既不解飲影徒

故人情。挥手自兹去,萧萧班马鸣。

月下独酌 李白 花间一壶酒,独酌无相亲。举杯邀明月,对影成三人。月既不解饮,影徒随我身。暂伴月将影,行乐须及春。我歌月徘徊,我舞影零乱。醒时同交欢,醉后各分散。永结无情游,相期邈云汉。

山中與幽人對酌 李白

兩人對酌山花開一杯
一杯復一杯我醉欲眠
卿且去明朝有意抱琴
來

山中与幽人对酌 李白 两人对酌山花开，一杯一杯复一杯。我醉欲眠卿且去，明朝有意抱琴来。

宣州谢朓楼饯别校书叔云 李白 弃我去者，昨日之日不可留；乱我心者，今日之日多烦忧。长风万里送秋雁，对此可以酣高楼。蓬莱文章建安骨，中间小谢又清发。俱怀逸兴壮思飞,欲上青天揽明月。抽刀断水水更流,举杯销愁愁更愁。人生在世不称意,明朝散发弄扁舟。

寒食 韩翃
春城无处不飞花，寒食东风御柳斜。日暮汉宫传蜡烛，轻烟散入五侯家。
蝉 虞世南

垂緌飲清露，流響出疏桐。居高聲自遠，非是藉秋風。

城東早春 楊巨源

詩家清景在新春，綠柳才黃半未勻。若待上林

垂緌飲清露，流響出疏桐。居高声自远，非是藉秋风。

城东早春 杨巨源 诗家清景在新春，绿柳才黄半未匀。若待上林

鷓鴣 鄭谷

花似錦出門俱是看花人暖戲煙蕪錦翼齊應得近山雞雨昏青草湖邊過花落黃陵廟裏

花似锦，出门俱是看花人。
鹧鸪 郑谷
暖戏烟芜锦翼齐，品流应得近山鸡。雨昏青草湖边过，花落黄陵庙里

啼游子乍聞征袖濕佳
人繞唱翠眉低相呼
應湘江闊苦竹叢深
向西

望岳
杜甫

岱宗夫如何齊魯青未

啼。游子乍闻征袖湿，佳人才唱翠眉低。相呼相应湘江阔，苦竹丛深日向西。

望岳 杜甫 岱宗夫如何？齐鲁青未

了。造化钟神秀，阴阳割昏晓。荡胸生层云，决眦入归鸟。会当凌绝顶，一览众山小。

春望 杜甫 国破山河在，城春草木

深。感时花溅泪，恨别鸟惊心。烽火连三月，家书抵万金。白头搔更短，浑欲不胜簪。

登岳阳楼 杜甫 昔闻洞庭水，今上岳阳

楼。吴楚东南坼，乾坤日夜浮。亲朋无一字，老病有孤舟。戎马关山北，凭轩涕泗流。

赠花卿 杜甫 锦城丝管日纷纷，半入

江风半入云。此曲只应天上有，人间能得几回闻？

蜀相 杜甫

丞相祠堂何处寻，锦官城外柏森森。映阶碧草

蜀相

杜甫

丞相祠堂何处寻锦官城外柏森森映阶碧草

江风半入雲此曲只應天上有人間能得幾回聞

自春色，隔叶黄鹂空好音。三顾频烦天下计，两朝开济老臣心。出师未捷身先死，长使英雄泪满襟。

闻官军收河南河北 杜甫

自春色隔叶黄鹂空好音三顾频烦天下计两朝开济老臣心出师未捷身先死长使英雄泪满襟

闻官军收河南河北 杜甫

劍外忽傳收薊北初聞涕淚滿衣裳卻看妻子愁何在漫捲詩書喜欲狂白日放歌須縱酒青春作伴好還鄉即從巴峽穿巫峽便下襄陽

剑外忽传收蓟北，初闻涕泪满衣裳。却看妻子愁何在，漫卷诗书喜欲狂。白日放歌须纵酒，青春作伴好还乡。即从巴峡穿巫峡，便下襄阳向洛阳。
绝句 杜甫 两个黄鹂鸣翠柳，一行白鹭上青天。窗含西岭千秋雪，门泊东吴万里船。

洛陽

絕句 杜甫

兩個黃鸝鳴翠柳一行

白鷺上青天窗含西嶺

千秋雪門泊東吳萬里

船

图书在版编目(CIP)数据

孙锐珩小楷中学生必背古诗五十首 / 孙锐珩著. —郑州：河南大学出版社，2014.11
ISBN 978-7-5649-1754-8

Ⅰ. ①孙… Ⅱ. ①孙… Ⅲ. ①毛笔字—楷书—中学—法帖 Ⅳ. ①G634.955.3

中国版本图书馆CIP数据核字(2014)第267170号

出版人	张云鹏
出版统筹	侯若愚
策 划	雷鸣春
主 编	段宝林 熊西平
责任编辑	侯若愚
责任校对	王亚静 韩 琳
封面设计	王 韧
版式设计	高文祥
出 版	河南大学出版社
	地址：郑州市郑东新区商务外环中华大厦2409室
	电话：0371-86059753（人文社科出版分社）
	0371-60993151
	网址：www.hupress.com
印 刷	河南省瑞光印务股份有限公司
版 次	2014年12月第1版
印 次	2014年12月第1次印刷
开 本	889mm×1194mm 1/16
印 张	5
定 价	23.00元

（本书如有印装质量问题请与河南大学出版社营销部联系调换）